EDUCACIÓN CÓSMICA
MONTESSORI

*El Descubrimiento del Niño de una Visión Global
y una Tarea Cósmica*

SUSAN MAYCLIN STEPHENSON

II

Lo que [Montessori] *denominó* educación cósmica *tenía el objetivo de promover la cooperación universal, algo que tendería hacia la afirmación de la democracia y, en última instancia, produciría un mundo renovado. Esta última teorización es fundamental para el campo de la* eco pedagogía, *o educación para la sostenibilidad, una disciplina que comprende todas las prácticas educativas que promueven la apreciación del potencial colectivo de la humanidad y tienen como objetivo diseñar formas de conocimiento culturalmente relevantes y principios éticos basados en nociones como el respeto. Por la vida de todos los seres vivos.* [la eco pedagogía] *se ha expandido para abarcar nociones relacionadas con la conciencia planetaria y la participación de los estudiantes en las ramificaciones sociales, políticas y raciales de los problemas globales. En esta era de declive ecológico del siglo XXI y una responsabilidad social renovada con el medio ambiente expresada por un movimiento juvenil global, el proyecto educativo y la agenda política de Montessori cobran gran importancia.*

—Erica Moretti, *The Best Weapon for Peace,
Maria Montessori, Education, and Children's Rights*
(p 207)

IV

Ya que se ha visto necesario dar tanto al niño, démosle una visión de todo el universo. el universo es una realidad imponente y una respuesta a todas las preguntas. Caminaremos juntos por este camino de la vida, porque todas las cosas son parte del universo y están conectadas entre sí para formar una unidad completa. Esta idea ayuda a que la mente del niño se fije, deje de divagar en una búsqueda sin rumbo del conocimiento.

Está satisfecho, habiendo encontrado el centro universal de sí mismo con todas las cosas.

—Montessori, *Para Educar el Potencial Humano*

El niño desarrollará una especie de filosofía, que le enseña la unidad del universo. Esto es lo que necesita para organizar su inteligencia y darle una mejor percepción de su propio lugar y tarea en el mundo.

—Montessori, International Montessori Conference. Amsterdam, 1950

VI

TABLA DE CONTENIDO

VIII

INTRODUCCIÓN

Susan Mayclin Stephenson aborda un tema amplio, la educación cósmica, *que Montessori definió como una "visión global y universal unificadora del pasado, presente y futuro". Stephenson lleva al lector desde el nacimiento hasta el final de la edad primaria con ejemplos de cómo el niño crece en la comprensión de la educación cósmica a través de sus experiencias en el hogar y en la escuela. El tema central de su tesis es el descubrimiento de* la tarea cósmica *de uno, que depende de "fomentar... la curiosidad y la compasión hacia otros seres".*

Stephenson concluye con ejemplos de todo el mundo e ilustra cómo los niños nacen con esta tendencia hacia la compasión y cómo se experimenta desde el nacimiento en entornos Montessori.

—David Kahn, Director Ejecutivo Emérito de la Asociación Norteamericana de Maestros Montessori (NAMTA)

La Dra. María Montessori fue una defensora activa y dedicada de los derechos de las mujeres y los movimientos por la paz. Después de presenciar la respuesta inesperada y extremadamente positiva de los niños a sus métodos, se dio cuenta del potencial de este tipo de educación como una forma de remodelar completamente la sociedad, no mediante la imposición de requisitos académicos a los niños, sino apoyando el desarrollo de la mente, cuerpo y espíritu del potencial y desarrollo únicos de cada niño.

En la educación Montessori, la maestra aprende a fusionar la teoría y la práctica, lo esotérico y lo práctico, en un proceso continuo. La maestra es ante todo un observador; luego, cuando está capacitado para reconocer las etapas de desarrollo y las necesidades individuales, el facilitador de una mayor exploración.

—Susan Mayclin Stephenson, *Please Help Me Do It Myself, Observation and Recordkeeping for the Montessori Primary and Elementary Class (page 6)*

CÓSMICO, UNA DEFINICIÓN

EDUCACIÓN CÓSMICA

La palabra cósmico hoy por lo general significa algo muy grande o que tiene que ver con el universo. Pero la palabra viene del Griego *kosmikos,* de *kosmos,* que significa orden. El término Educación Cósmica en la jerga Montessori se refiere al descubrimiento gradual del orden por parte de un niño, una visión unificadora global y universal del pasado, presente y futuro. Es la unión de muchos componentes del conocimiento en una gran visión o realización, como en un mosaico, de la interdependencia de los elementos del sistema solar, la Tierra, las plantas y los animales y la humanidad. El carácter de nuestro tiempo a veces se denomina la era de la información; los niños de hoy en día son bombardeados con hechos e información sin manera de tener sentido o poner esta información en algún tipo de orden. La Educación Cósmica ayuda al niño a dar sentido a toda la información y es más importante hoy que nunca.

TAREA CÓSMICA

El término *tarea cósmica* se refiere a una forma en que un ser humano encuentra un papel valioso en este mosaico de la vida. Un rol que satisface las propias necesidades físicas, mentales y espirituales y que al mismo tiempo contribuye de alguna manera a la creación de orden o equilibrio en el cosmos; para crear una expresión personal y responsabilidad dentro de este hermoso mosaico de vida. Simplemente, esto significa que queremos ayudar a un niño a aprender y darle sentido a su mundo y encontrar una manera de convertirlo en un lugar mejor.

Estos principios de la educación Montessori generalmente se discuten en referencia al segundo plano de desarrollo, de 6 a 12 años. Pero tal idea no es algo que la Dra. Montessori inventó para el niño de primaria como plan de estudios académico. Como de costumbre, ella "siguió al niño" y los intereses del niño. Este concepto no comienza a los seis años sino que es aplicable a lo largo de nuestra vida.

Es esta visión de una unidad indivisible hecha de energía, de cielo, de rocas, de agua, de vida, de humanos como adultos y humanos como niños lo que le da un sentido cósmico al pensamiento de Montessori. Este sentido cósmico impregna toda la obra de Montessori, tanto su pensamiento como su enfoque educativo para todos los diferentes planos y etapas de desarrollo del ser humano: desde el nacimiento sin violencia a la Comunidad Infantil, a la Casa dei Bambini, a la escuela primaria, a la comunidad Erdkinder para adolescentes.

Claramente, entonces, esta visión cósmica pertenece por derecho a todo el movimiento Montessori: es de hecho la clave que nos da una dirección compartida y un objetivo común en nuestro trabajo.

—Camillo Grazzini, Actas de la Conferencia 'Maria Montessori's Cosmic Vision, Cosmic Plan and Cosmic Education', París 2001

APRENDER SOBRE EL MUNDO

REALIDAD Y FANTASÍA

Es bastante normal que los padres y maestros busquemos ocasionalmente distraernos de nuestra vida diaria en el hogar y el trabajo. Hacemos esto a través de libros, películas, juegos, disfraces y en una variedad de otras formas. Pero el valor de la realidad y la fantasía es diferente para los niños y cambia según las etapas de convertirse en adulto.

Durante la mayor parte de los primeros seis años de vida, los niños están tan fascinados con el mundo real como nosotros con nuestras distracciones. Creen todo lo que les decimos, todo lo que ven en los libros ilustrados y todas las historias que les contamos o les leemos a la hora de acostarse. Les encanta cuando les contamos historias interesantes o divertidas de cosas que realmente nos pasaron a esa edad; quieren saber los nombres de animales reales y lo que comen o hechos verdaderos interesantes; valoran el vocabulario real, lo más detallado posible, que acompaña a las formas en que compartimos el mundo real con ellos. Alrededor de los cuatro o cinco años comienzan a diferenciar entre la realidad y la fantasía e incluso inventan historias imaginarias. Pero incluso a esta edad, están más interesados en el mundo real que los rodea que en los animales que hablan o cualquier otro tipo de antropomorfismo o fantasía.

Incluso después de los seis años, cuando el uso de la imaginación realmente pasa a primer plano, hay un gran interés en cómo se formaron el universo y el planeta, cómo las plantas y los animales han cambiado a lo largo de los años y siguen cambiando, por qué y cómo la geometría se desarrolló en las primeras civilizaciones y en el uso de estos hechos reales para imaginar el mundo venidero.

Para los niños mayores y los adultos jóvenes, estar arraigados en la realidad y aprender sobre tantos aspectos del mundo, contribuye a que usen la imaginación y la fantasía para pensar en lo que han aprendido del pasado que puede ser valioso en el futuro. La información real y la capacidad de imaginar pueden conducir a la resolución de todo tipo de problemas, sociales, mecánicos, científicos, políticos, médicos, muchas variedades de problemas, y cuanto más se sabe sobre cómo funciona el mundo real y cómo ha llegado a ser, más valiosas serán estas soluciones.

LO QUE PODEMOS APRENDER DE NUESTROS HIJOS

A medida que los adultos comenzamos a buscar, por ejemplo, la variedad de hermosos libros ilustrados de no ficción con nuestros hijos en la biblioteca, a medida que descubrimos el interés que tienen nuestros hijos en escuchar sobre nuestras propias vidas, se puede abrir una realidad completamente nueva para nosotros, y podemos comenzar a apreciar la belleza y la variedad de nuestro propio mundo, aquí y ahora.

Este interés en el mundo real y la exploración, la creatividad y la resolución de problemas que se derivan naturalmente, es una de las experiencias más preciadas de ser un maestro Montessori, ya que continuamente ofrecemos y seguimos el interés de los niños y compartimos su alegría del mundo real.

APRENDIENDO SOBRE EL MUNDO, DEL NACIMIENTO A LOS TRES AÑOS

Al comienzo de la vida, el entorno más importante es el hogar y la comunidad más importante es la familia. Puede parecer que el bebé pasa la mayor parte de su tiempo comiendo y durmiendo durante esos primeros días, semanas, meses, pero hay mucho más en juego. Este es el momento en que se explora el mundo real de la familia durante cada hora de vigilia. Somos el mundo real, siendo observados, escuchados y aprendidos.

Cuando pensamos en la *tarea cósmica* del individuo como miembro de la sociedad mayor, debemos darnos cuenta de que la familia es la primera sociedad, el primer grupo social, el modelo para todo lo que sigue. Estos primeros días, semanas, años, en casa es cuando comienzan las primeras lecciones de interacción humana.

¿Cubrimos las necesidades físicas del recién nacido rápidamente, para que se sienta seguro y cuidado? ¿Lo incluimos físicamente en nuestro espacio durante el día para que podamos ser escuchados y vistos? ¿Aprendemos a observar para saber qué significan esos primeros llantos (el primer idioma)? ¿Podemos aprender sobre las etapas de desarrollo del lenguaje, todo el cuerpo, la mano, para poder ofrecer experiencias que respalden los esfuerzos, sin juzgar ni comparar con otros niños? Estas son habilidades simples que recorrerán un largo camino para darle a un niño pequeño confianza en el mundo, confianza para moverse y explorar, y confianza en su ser único y auténtico.

Desde los primeros días de vida, un niño explora el mundo que lo rodea, a través de la vista, el oído, el olfato, el gusto y el tacto. Esta curiosidad es un fuerte impulso a lo largo de la vida si se protege y se nutre. Desde el comienzo del programa de Asistentes a la Infancia, de prenatal a los tres años, en Roma en 1947, los padres han sido guiados en la preparación de un ambiente que apoye y alimente esta curiosidad. Se sugiere que el entorno del niño no se cambie durante el primer año de vida si es posible.

Desde el comienzo de la vida podemos proporcionar un entorno seguro, en el hogar o en las comunidades, donde el niño pequeño pueda explorar el mundo real.

El niño está explorando el orden de este entorno, su primer mundo, visualmente desde el primer día, y el impulso de moverse hacia los objetos y explorarlos de otras maneras, darles sentido, y hay un fuerte impulso para aprender a gatear, ponerse de pie y caminar.

Cuando un niño primero está boca abajo y puede alcanzar un juguete, el adulto puede fomentar la exploración colocando un juguete a una distancia que no sea tan lejos como para frustrar al bebé, pero no tan cerca como para permitirle agarrarlo sin esfuerzo.

Esta habilidad de observar y satisfacer las necesidades de un niño es el nivel más alto de habilidad del adulto en la vida. Hoy los *asistentes a la infancia* Montessori están haciendo lo mismo en todos los continentes, y los neurocientíficos están descubriendo el valor de conocer, comprender, al niño en estos primeros días y meses.

CONOCIENDO EL MUNDO,
DE TRES A SEIS AÑOS

El mundo del niño a esta edad a veces se extiende desde la familia hasta un preescolar o una clase Montessori de primaria. El mundo se trae a la clase en lugar de que el niño sea sacado al mundo a esta edad. No creemos en empujar a un niño hacia estudios intelectuales tempranos, sin embargo, si se presenta correctamente, los niños pequeños muestran un interés asombroso en una amplia gama de temas, algo que puede ser difícil de creer. Aprendí esto de la manera difícil.

Un año, en mi trabajo como asistente Montessori de infancia, estaba consultando con una madre de sudáfrica sobre el cuidado de su recién nacido. A medida que hablábamos más y más sobre los principios Montessori detrás de lo que estaba compartiendo con ella, me preguntó si le sería posible observar en una clase Montessori. Organicé una observación con la clase primaria local de ami y acordé reunirme con ella a la mañana siguiente para hablar sobre lo que vio.

La escuché hablar sobre todas las cosas que estaba asombrada de ver. Había sido criada como una niña Waldorf y no se le aparecieron las materias académicas hasta los siete años. Le sorprendió ver niños a edades tan tempranas enseñándose unos a otros y haciendo matemáticas, lectura, escritura, mapas de rompecabezas de continentes, etc. Sin embargo, me di cuenta de que algo la estaba molestando y le pregunté qué era. Vacilante, dijo: "bueno, fue una situación muy agradable en muchos sentidos, pero ¿cuándo los niños pueden hacer lo que quieren hacer?"

Le sorprendió mucho escuchar que los niños, después de entrar al salón de clases y saludar a la maestra, son libres de elegir cualquier material que entiendan. No podía creer que en realidad habían seleccionado trabajo en áreas que en las escuelas tradicionales no podrían, como matemáticas, lenguaje, ciencias y geografía.

Antes de los seis años, el niño absorbe —totalmente, con facilidad, sin esfuerzo y con profundo amor— todas las actitudes e impresiones del entorno. Se vuelve parte de él y forma su mente, por lo que los padres y maestros como modelos son el elemento más fuerte en estos años. Si la amabilidad y la paciencia, disfrutar de la lectura, tener buenos modales, disfrutar de las matemáticas y la biología, por ejemplo, están en el ambiente a esta edad, estas actitudes y acciones serán de gran valor para el niño. Si no forman parte del ambiente temprano, muchas de estas cosas se pueden aprender más tarde, pero no constituyen la personalidad básica del niño.

Antes de los seis años, las enseñanzas y experiencias de la Educación Cósmica se realizan mediante mucho movimiento y experiencia sensorial. Pero junto con las lecciones vitales y sensoriales prácticas básicas y extremadamente valiosas, el niño comienza a aprender sobre la tierra y el agua, la física, las plantas y los animales, la variedad de humanos en la tierra, el arte, la danza, la música, la geometría, las matemáticas y el lenguaje. Al final de este primer plano de desarrollo, el niño tiene una viva curiosidad y amor por todas estas áreas de estudio.

María Montessori entendió la receptividad intrínseca del niño a todas estas áreas de interés y descubrió que el niño pequeño podía comprender lo que se encontró mucho más allá del alcance de un niño, dado el entorno adecuado, el equipo adecuado y un maestro que estaba capacitado para poner el niño en contacto con este entorno.

APRENDIENDO SOBRE EL MUNDO, DE SEIS A DOCE+ AÑOS

Aprender sobre el mundo es diferente en esta segunda etapa de desarrollo. El ambiente a esta edad se ensancha. En lugar de traer el mundo al salón de clases, hay excursiones y los niños salen al mundo.

A esta edad, el salón de clases se extiende más allá del salón de clases de muchas maneras.

Cuanto más sepa el maestro de escuela primaria, primaria y secundaria/secundaria sobre los primeros tres años, más Montessori (en oposición a "tradicional") será su enseñanza. Cuanto más seguro esté el maestro de niños mayores en el hecho de que la curiosidad, la exploración, el trabajo y el esfuerzo son rasgos humanos naturales, más probable es que permita que los niños se liberen de un plan de estudios impuesto para que se desarrollen de manera plena y única como seres humanos. Ser. En el segundo plano, o etapa de 6 a 12 años, el niño explora más con su mente y en proyectos que requieren trabajo en equipo en la planificación, ejecución y presentación.

Los científicos sociales de hoy en día son muy conscientes del hecho de que el plan de estudios estándar que se valora en la escuela tradicional está realmente desactualizado. Ni siquiera sabemos qué profesiones van a ser de valor en diez años, entonces, ¿cómo podemos pretender saber cómo preparar académicamente a los niños para un futuro tan desconocido?

Hay muchas listas de "habilidades para el futuro" que se están compilando hoy. Las siguientes habilidades se encuentran en muchas de estas listas: exploración, esforzarse al máximo, la capacidad de enfocarse o concentrarse, el autocontrol, la mente matemática, el respeto por los demás, la capacidad de trabajar juntos, el cuidado del medio ambiente. La mayoría de nosotros veremos de inmediato que estas son habilidades fomentadas en un verdadero entorno Montessori.

Estas cosas están en el centro del plan de estudios Montessori en todas las edades y tienen prioridad sobre un plan de estudios académico. Si no, entonces el plan de estudios estándar obsoleto puede asomar su fea cabeza y convertir una escuela en una escuela muy agradable, pero no en una escuela Montessori. ¡El maestro y el administrador deben tener un gran conocimiento de

Montessori y confiar en él para poder contener la avalancha del miedo natural de los padres de lo que sucederá si el día no está lleno de requisitos, horarios, libros de texto y tareas centrados en el maestro!

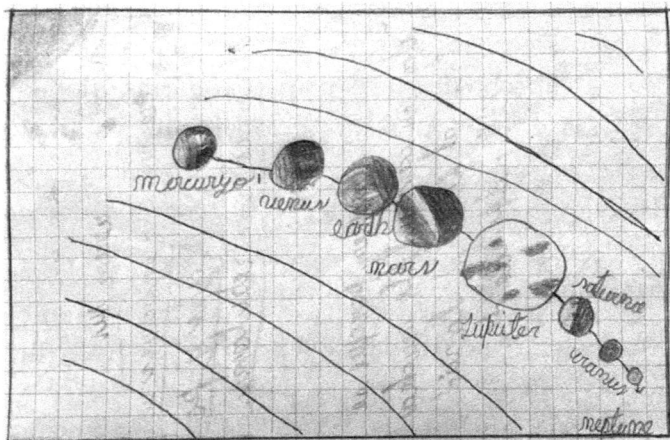

La base de los elementos académicos del plan de estudios de Educación Cósmica elemental comienza temprano. El objetivo de la educación primaria Montessori es crear una visión global dentro del niño. Los niños, naturalmente, dan por sentado que lo que ven siempre ha estado ahí y necesitan ayuda para comprender cuán diferente ha sido la vida a lo largo del tiempo. A esta edad, la exploración del entorno, en lugar de limitarse a lo que se puede explorar aquí y ahora con los sentidos, se remonta al pasado y al espacio a través de la imaginación. Una habilidad que no forma parte de la primera etapa de desarrollo de 0 a 6 años.

En las primeras dos semanas del año en la clase 6–12, todos los nuevos estudiantes reciben las grandes lecciones que introducen la creación del sistema solar y la Tierra, la variedad y evolución de las plantas y los animales, las etapas de la existencia humana. El desarrollo del lenguaje y las matemáticas, y la forma en que todos estos elementos de la vida están conectados. Los niños mayores casi siempre eligen asistir a estas lecciones y el niño de seis años ve la emoción continua de un niño de doce años, lo que hace que estas lecciones sean aún más interesantes. El aprecio por el universo mismo se basa en el conocimiento de que no siempre estuvo ahí. Los niños desarrollan gradualmente una comprensión y gratitud por el universo y su parte dentro de él.

Aparte de los requisitos muy limitados del estado o del país para cada uno de los seis años, el niño es liberado para explorar y hacer su propio camino a través del laberinto del conocimiento en la Tierra. Esa es la parte más emocionante de la enseñanza en los años de primaria, ya que cuanto mayor es el niño, menos contacto con el adulto es necesario en una clase de primaria Montessori. Estamos ahí como guías para que el niño tome contacto con expertos y fuentes de conocimiento que ayuden a seguir investigando y creando. No lo retenemos con horas cada semana de requisitos, horarios y otras limitaciones.

Pero debemos ser capaces de explicar por qué a los padres. Al final, es obra del niño, que, con libertad, irá mucho más allá de lo que posiblemente podamos exigir.

Esto convencerá a los padres y al mundo del valor de este tipo de educación abierta e innovadora. Y podría ser lo que ayudará a resolver los problemas de nuestro mundo en constante cambio.

Aquí hay un ejemplo de la diferencia en el estudio de la geografía. En una escuela tradicional, un maestro podría asignar a cada niño o grupo de niños que elijan un país del mundo e investiguen sobre él. Entonces quizás el niño escriba un trabajo que el maestro leerá y evaluará, o el niño puede hacer una presentación a la clase. Pero este es un trabajo dictado por un adulto, no la elección del niño.

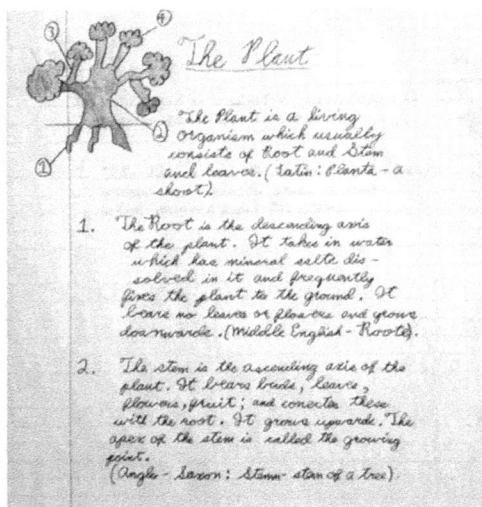

En una clase de Montessori que enseñé en California, llegó un estudiante después de un viaje de campo que habíamos hecho para investigar la fauna local en un centro cultural. ¡Este niño descubrió que los Nativos Americanos de Sierra Miwok cosechaban bellotas del roble negro como alimento! Quería saber qué comían otros nativos americanos y luego quería saber más sobre las diferencias en la vida diaria de varios grupos indígenas.

Le recordé las tablas de estudio de civilización que otro niño había usado para estudiar la Antigua Roma. Esto condujo a estudios de otros niños de otros grupos Nativos Americanos, lo que condujo a la investigación de por qué se asentaron donde lo hicieron, lo que condujo a la investigación de una nueva mirada al Estrecho de Bering, y luego a las edades de hielo, y luego a las razones de migraciones de diversas civilizaciones a lo largo de la historia.

La enseñanza Montessori a esta edad se guía no por saber más que los alumnos, sino por disparar su imaginación y su curiosidad natural. Requiere la capacidad de observar cuidadosamente la pequeña pepita de interés y ofrecer, pero no requerir, herramientas para un mayor descubrimiento.

A veces, los maestros pueden retroceder en esta libertad de ir tan lejos como uno quiera en la exploración por no saber cómo hacer un seguimiento de este aprendizaje o por no estar seguros de cómo el niño hará un seguimiento del trabajo. Bueno, aparte de la breve lista de requisitos académicos locales para cada año en la clase 6–12, que siempre está disponible para los niños, no hay necesidad de limitar este tipo de exploración registrando todo lo creado. ¿hasta dónde creemos que habrían llegado leonardo da vinci o einstein si se les hubiera pedido que registraran todo lo que hicieron?

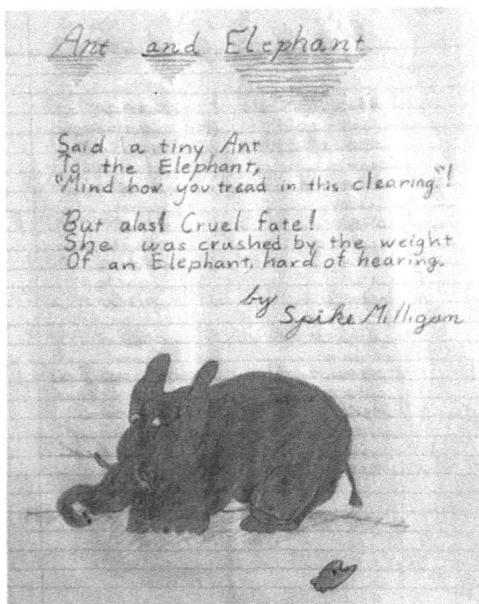

Registran lo que querían recordar.

Los niños harán lo mismo. Registrarán descubrimientos significativos en diarios, con dibujos cuidadosos, letra hermosa e incluso márgenes decorados.

Esta curiosidad natural y el deseo de aprender más y más, cuando se apoya en el mejor entorno y enseñanza Montessori, es evidente en las escuelas Montessori de todo el mundo.

Si los diarios son hermosos registros creados durante los seis años en clase (en lugar de registros obligatorios rápidos y mal escritos), los niños desarrollan las habilidades artísticas que comenzaron en la clase primaria, mejoran su escritura cursiva e impresa (ambos importantes en estos días) y tienen algo que son. Orgullosos de mostrar a sus propios hijos o estudiantes cuando sean adultos. Estos diarios, donde registra un balance de 6-12 trabajos a lo largo de los años de una manera hermosa, se conservan durante muchos años porque son muy interesantes y encantadores.

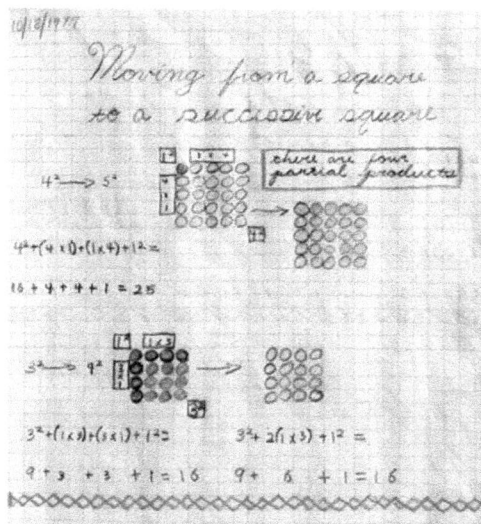

Todas las áreas de estudio serán exploradas hasta cierto punto por todos, tarde o temprano, ya sea mediante la investigación del estudiante individual o al observar y disfrutar las elecciones, la exploración y las presentaciones del trabajo de otros estudiantes en el grupo.

Hablando en la Universidad de Ámsterdam en 1950, la Dra. Maria Montessori dijo:

> *Debe tenerse en cuenta que el interés genuino no se puede forzar. Por lo tanto, todos los métodos de educación basados en centros de interés que han sido elegidos por adultos son erróneos. Además, estos centros de interés son superfluos, porque el niño está interesado en todo.*
>
> *Una visión global de los eventos cósmicos fascina a los niños, y su interés pronto quedará fijo en una parte en particular como punto de partida para estudios más intensivos. Como todas las partes están relacionadas, todas serán analizadas tarde o temprano. Así, el camino conduce desde el todo, a través de las partes, de regreso al todo.*

HACIENDO DEL MUNDO
UN LUGAR MEJOR

En los ambientes Montessori, en el hogar y en la escuela, hay *tareas cósmicas* simples y diarias de ayudar a los demás y cuidar el medio ambiente. Estos simples actos de bondad, que hacen del mundo un lugar mejor, no se asignan, pero los niños están al acecho de algo que necesite limpieza o cuidado, o de un niño que pueda necesitar ayuda. Esta situación se ve favorecida por la agrupación de niños de varias edades y por una baja proporción de adultos por estudiantes, de modo que los niños aprenden a buscar ayuda entre ellos.

Mientras consultaba con una escuela en Moscú, observé que un niño mayor observaba a uno más pequeño que tenía problemas para usar las tijeras que cortan los tallos de las flores para hacer arreglos florales. Ella se acercó, observó y luego le preguntó cortésmente si necesitaba ayuda. Ella no se entrometió ni interrumpió, pero pidió permiso. Ayudas como este ejemplo se ven en entornos Montessori de todo el mundo.

El descubrimiento de la Educación Cósmica y el propio quehacer cósmico depende de fomentar la curiosidad del ser humano y la tendencia natural a sentir compasión por los demás seres desde su nacimiento. Existe evidencia de que la curiosidad natural y el sentimiento de responsabilidad por los demás, o la *compasión* (la conciencia compasiva de la angustia de los demás junto con el deseo de aliviarla) comienza mucho antes de que el niño ingrese a la escuela primaria. Querer ser útil y servicial y preocuparse por la felicidad de los demás no es algo que deba enseñarse; es una parte básica de la constitución humana y se puede observar incluso en los más pequeños.

El niño desarrollará una especie de filosofía, que le enseña la unidad del universo. Esto es lo que necesita para organizar su inteligencia y darle una mejor percepción de su propio lugar y tarea en el mundo.

— Montessori, Conferencia Internacional Montessori. Ámsterdam, 1950

HACIENDO DEL MUNDO UN LUGAR MEJOR, DEL NACIMIENTO A LOS TRES AÑOS

Es parte de la personalidad humana desde el nacimiento observar y atender las necesidades de los demás.

Como parte de mi entrenamiento de 0-3, observé nacimientos en el hospital Cristo Re en Roma, Italia. Una de las mujeres que observé estaba bien entrenada en el método de preparación para el parto del entrenamiento autógeno respiratorio que todavía es parte de algunos asistentes a los cursos de formación de maestros de infancia. Aunque era su primer hijo, esta joven estaba tan bien entrenada para relajarse entre contracciones que el parto fue casi indoloro y su hijo nació mucho más tranquilo de lo que suele ser el caso.

Era práctica colocar al recién nacido en una cama caliente en la sala de recién nacidos durante un tiempo después del nacimiento. Así que observé al primer bebé, que ni siquiera había llorado, acurrucarse en la cálida cama de la guardería y volver a dormirse. ¡De repente comenzó a llorar en voz alta porque otro bebé en la guardería había comenzado a llorar!

Desde entonces he hablado con muchas personas que han observado este fenómeno. He visto a bebés muy pequeños reflejar las caras de sus adultos: yo frunzo el ceño, él frunce el ceño; saco la lengua, él hace lo mismo; yo sonrío o me río, él sonríe o se ríe.

Un día estaba filmando a niños en una comunidad infantil en Denver, Colorado. En un momento fue posible escuchar a un niño, lejos en la distancia fuera del salón de clases, llorando. De repente, el niño que estaba filmando, que no tenía mucho más de dos años, se levantó de su mesa y silla y anunció a cualquiera que escuchara: "¡Alguien necesita ayuda!"

A esta edad podemos ayudar al niño a aprender un lenguaje que haga sentir mejor a otra persona, primero ejemplificándolo. Un niño, cuando se le "recuerda" que diga "gracias", se confunde porque se acostumbra a esperar ese recordatorio que se siente como una corrección. En su lugar, modelamos, "¿Le gustaría...?", "Por favor, podría...", "Muchas gracias." y los niños nos seguirán.

La vida práctica de vestir, poner la mesa, preparar la comida, lavar los platos, dar de comer a un animal visitante, quitar el polvo o lavar las hojas, ayudar a otro niño a ponerse una chaqueta o atarse los zapatos, crea hábitos de ayuda a los demás.

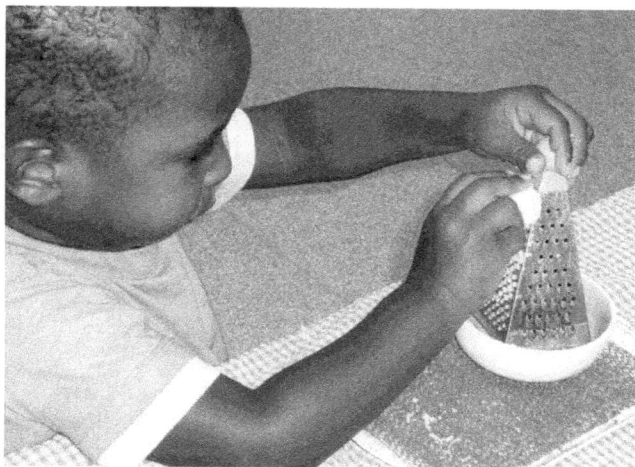

Preparar comida para el grupo social, la familia o la clase, como lo está haciendo este niño en Australia en la imagen de arriba, da práctica en la concentración, la habilidad y el cuidado de los demás. Las actividades de la Vida Práctica y el lenguaje cortés son una gran parte del día en el entorno Montessori 0-3 y son fáciles de hacer en el hogar. Ambos brindan oportunidades para que el niño haga del mundo un lugar mejor.

HACIENDO DEL MUNDO UN LUGAR MEJOR, DE TRES A SEIS AÑOS

En la clase de primaria o de 3 a 6 años, algunas de las primeras lecciones son cómo cuidarse unos a otros y cuidar el medio ambiente, y a los niños les encanta dominar estas habilidades. Si no ha aprendido esto a una edad más temprana, el niño aprende a preparar la comida, colocándola en un lugar especial para compartir con sus amigos en una comida.

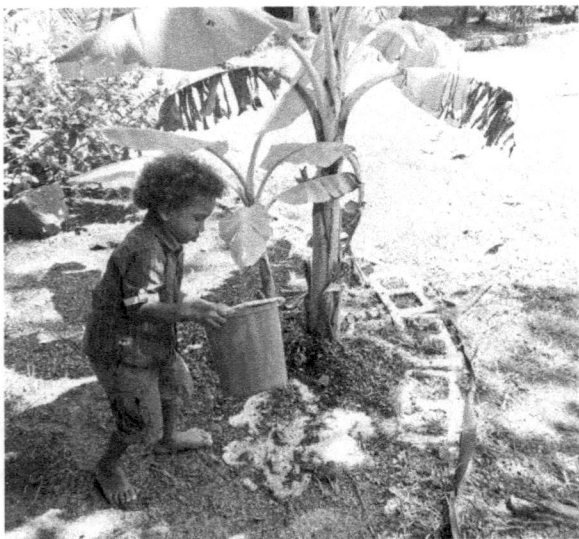

Los niños aprenden a cuidar las plantas y los animales visitantes, a limpiar y cuidar los materiales, y a devolverlos a la estantería en perfectas condiciones para el próximo niño, lo que es un primer acto de cuidado social.

Aprenden a caminar con cuidado por el espacio en el suelo o en una mesa donde otro está trabajando y a no interrumpir la concentración de su amigo.

En algunos países, aprender las actividades que dan práctica de buenos modales y mostrar cuidado y compasión por los demás es una parte aceptada del crecimiento, tanto en el hogar como en la escuela. La imagen de arriba, por ejemplo, es de un libro para niños en Tailandia llamado "The Thai Way of Grace and Courtesy".

Este libro se encuentra en las escuelas tradicionales de todo el país y, tal como lo hacemos en Montessori, "enseña enseñando en lugar de corregir".

Al hojear el libro, un niño tailandés ve, por ejemplo, una imagen de niños de pie y esperando pacientemente mientras otro niño habla con el maestro; un niño que se inclina levemente hacia adelante al pasar a una persona mayor (porque se considera respeto a los mayores no tener la cabeza más alta que una persona mayor); agarrarse de un pasamanos o de la mano de otro niño mientras sube un tramo de escaleras; juntar correctamente las manos al saludar a otra persona; usar ambas manos al entregar un objeto a otra persona; usar la forma más cortés de "gracias" cuando una persona le entrega algo (en Tailandia se usan diferentes formas cuando se habla con un igual o compañero de clase, padre, maestro o sacerdote); igualmente la forma correcta de decir "lo siento"; hablar con calma y tranquilidad siempre que sea posible en lugar de gritar; ¡incluso agradecer a un amigo por recordarle a uno que no debe gritar!

Hay una imagen de varios niños en la mesa de un salón de clases con un niño levantando la mano y el texto recuerda escuchar a la persona que habla y esperar hasta que termine de hablar antes de levantar la mano; tres niños se tapan los oídos con las manos mientras otro habla, el texto explica: "no escuchamos cuando alguien dice cosas malas sobre otro que entristecerán a esa persona".

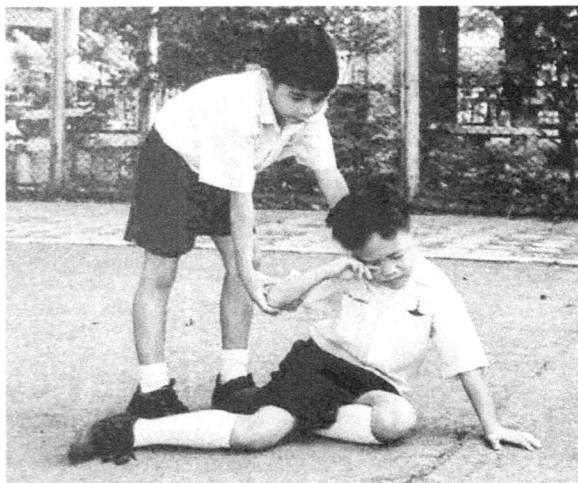

Y en la imagen de arriba está claro que el mensaje es detenerse y ayudar a otro cuando sea necesario.

Además de estos actos físicos, hay una sección sobre "Gracia y Cortesía de la Mente" con imágenes y texto que recuerdan a los niños que practiquen el pensamiento de dar y ayudar a los demás; tratando de entender por qué los demás actúan de la manera en que lo hacen; estar contento cuando alguien más tiene éxito en lugar de estar celoso o envidioso; y una foto de una madre y su hijo sentados al estilo tailandés en el suelo sonriéndose mientras la madre dice: "La persona que puede encontrar la felicidad desde adentro es sabia".

Este libro tailandés es para niños de seis años en adelante porque esa es la edad en que los niños están especialmente interesados en la equidad y la justicia y les gusta pasar tiempo hablando de estas cosas entre ellos, pero lo comparto en este capítulo porque esta área de la vida práctica llamado "gracia y cortesía" es una parte importante de la vida diaria en ambientes Montessori para niños en los primeros seis años de vida.

Esto se enseña modelando primero al adulto y luego por medio de lecciones en grupos pequeños en las que representamos pequeñas escenas de buenos modales, como pasarnos un objeto uno al otro y practicar decir "Gracias" y "Bienvenido." y los muchos otros actos de consideración que los niños se complacen en dominar.

Son los primeros seis años de vida que los niños asimilan como parte de su propia personalidad todas las buenas (o malas) maneras que encuentran en su vida cotidiana en el hogar y en la escuela.

HACIENDO DEL MUNDO UN LUGAR MEJOR, DE SEIS A DOCE+ AÑOS

El maestro de niños mayores quien ha presenciado el cuidado natural y la compasión natural en los primeros seis años estará arraigado en el conocimiento y la importancia de modelar. El maestro valorará las oportunidades para ayudar y servirse el uno con el otro por encima de los requisitos de un curriculo desactualizado.

A esta edad, existe un interés natural por la equidad y la justicia en el aula y en el mundo. El nivel en el que los niños pueden cuidarse mutuamente, a las plantas y a los animales, y pueden salir al mundo, es mucho mayor. They can clean the beaches and riverbeds, feed the homeless, cook their own meals, and clean the school. When there is a temptation to focus on the academic curriculum at this age these things must be kept alive.

Es facil para nosotros como padres, caer en la hábito de hacer todo el trabajo real en casa: 'Tú haz tus tareas escolares, no te preocupes, yo lavaré los platos, limpiaré la cocina o el baño, cuidaré a tu hermanita, pasaré la aspiradora, lavaré la ropa, etc.', y luego nos enfadamos porque los niños no hacen ningún trabajo en la casa.

Luego, al darnos cuenta de que esto está desequilibrado y que no estamos preparando a nuestros hijos para la vida real ni contribuyendo con la familia ni con futuras relaciones, nos vemos tentados a ordenarles que trabajen o a recompensarlos con elogios exagerados, estrellas doradas o dinero, cuando hubiera sido mucho más fácil, respetuoso y agradable fomentar el hábito de que las familias hagan el trabajo diario juntas desde una edad temprana.

Los padres y maestros Montessori son muy conscientes de la importancia de que los niños y jóvenes realicen un trabajo real, importante y útil, en equilibrio con el trabajo académico. Sin embargo, a veces, debido a la presión de la sociedad, se encuentra, incluso en clases Montessori excelentes de 6 a 18 años, un exceso de énfasis y un gasto excesivo de tiempo y energía en lo académico, dejando el trabajo cotidiano importante y las valiosas contribuciones al bienestar del grupo en manos de los adultos.

Un día, mientras hacía consultoría en una clase de primaria en Moscú, me preguntaron cómo introducir más trabajo de vida práctica, trabajo realmente útil, en la clase a este nivel. Ese día, la asistente de la clase estaba empezando a limpiar los estantes de almacenamiento, y habían llegado dos cajas, cada una con una silla que necesitaba ser ensamblada después de la clase. Sugerí que la maestra y la asistente examinaran detenidamente todo lo que hacen durante el día y delegaran en los niños todo lo que los niños fueran capaces de hacer.

Al día siguiente, un estudiante estaba organizando los estantes de almacenamiento de manera mucho más completa y cuidadosa de lo que un adulto habría hecho, y dos estudiantes tenían las piezas metálicas de las nuevas sillas extendidas sobre alfombras y estaban siguiendo las instrucciones para ensamblarlas.

—Susan Mayclin Stephenson, *Montessori and Mindfulness*, page 141

Es evidente que dominar lo académico es importante desde los seis años hasta la escuela media y secundaria. Y en las clases Montessori para estos años, como hemos visto, es muy importante seguir esforzándose por comprender el pasado, el presente y las implicaciones para el futuro de todas las materias académicas, y esforzarse constantemente por comprender cómo están interrelacionadas, conectadas y cuál puede ser el papel de cada individuo en este sistema y cuál es su tarea cósmica.

Sin embargo, con el fin de proporcionar práctica en las habilidades que se perfeccionan en el trabajo de la vida real y práctica: preparar alimentos, limpiar y cuidar el medio ambiente y las plantas y los animales, cuidar de las propias necesidades, buscar formas de ayudar y colaborar con otros, que abordan problemas reales físicos, espaciales, temporales y sociales, y diseñan soluciones creativas para estos problemas y más, son vitales para preparar a los jóvenes para hacer del mundo un lugar mejor.

CONCLUSIÓN

El niño que ha sentido un fuerte amor por su entorno y por todas las criaturas vivientes, que ha descubierto la alegría y el entusiasmo en el trabajo, nos da motivos para esperar que la humanidad pueda desarrollarse en una nueva dirección. Nuestra esperanza de paz en el futuro no está en el conocimiento formal que el adulto pueda transmitir al niño, sino en el desarrollo normal del hombre nuevo.

Esto es precisamente lo que nos permite creer que todavía tenemos ante nosotros una gran posibilidad, que todavía hay una esperanza para nuestra salvación, un desarrollo normal que, afortunadamente, no depende de lo que intentemos enseñarle al niño. Lo que podemos hacer es investigar este fenómeno con la objetividad del científico, estudiar los hechos que lo determinan, descubrir qué condiciones son necesarias para que se produzca y seguir por el camino que lleva a la normalidad. Lo que podemos y debemos hacer es emprender la construcción de un entorno que proporcione las condiciones adecuadas para su normal desarrollo.

La energía de los niños, una vez despierta, se desarrollará según sus propias leyes y también tendrá un efecto sobre nosotros. El mero contacto con un ser humano desarrollándose de esta manera puede renovar nuestras propias energías. El niño desarrollándose armoniosamente y el adulto mejorando a su lado forman una imagen muy emocionante y atractiva.

Este es el tesoro que necesitamos hoy: ayudar al niño a independizarse de nosotros y abrirse camino por sí mismo y recibir a cambio sus dones de esperanza y luz.

En este nuevo cuadro, el adulto aparecerá no sólo como constructor del mundo exterior, sino, más importante aún, como protector de las fuerzas morales y espirituales que resurgen en cada ser humano nacido.

—Montessori, *Educación y Paz*

LA AUTORA

La primera experiencia de Susan en el campo de la educación fue como tutora y consejera de Latín en la escuela secundaria. Después de descubrir Montessori en 1968, obtuvo diplomas de enseñanza desde el nacimiento hasta los 12 años y trabajó como maestra Montessori y directora de escuela. Formó parte de la investigación para formar la primera granja escuela Montessori para adolescentes en los EE. UU. y editora de "The Erdkinder Newsletter".

Susan ha viajado por más de 70 países y ha compartido ideas Montessori en más de la mitad de ellos, dando conferencias en universidades, para agencias gubernamentales de educación, conferencias sobre música Suzuki, educación y educación en el hogar, y en cursos de formación de profesores Montessori. Ha consultado en escuelas Montessori, orfanatos, escuelas para refugiados y pobres, y escuelas sin materiales Montessori. Es examinadora internacional de cursos de diploma Montessori, música y artista; sus pinturas y grabados cuelgan en hogares, instituciones y oficinas en seis continentes, y se encuentran en las portadas de muchos de sus libros.

Está llena de gratitud por sus mentores y experiencias Montessori, y por sus colaboradores y traductores de libros. Susan es una madre y abuela que vive con su esposo en la costa norte de California, constantemente inspirada por el silencio y la belleza de las secuoyas y el Océano Pacífico.

Sitio web: www.susanart.net

Blog: www.susanmayclinstephenson.net

The Author's Books in English

The Joyful Child: Montessori, Global Wisdom for Birth to Three

This book truly reflects the spirit and purpose of Montessori in a way that makes the philosophy translatable to both new parents and veteran Montessorians. Susan's extensive experience and her world travels resonate as she explores the universal, emotional, and psychological depths that construct the child's development.

—Virginia McHugh, past Executive Director of AMIUSA

Child of the World: Montessori, Global Education for Age 3-12+

Stephenson's volume is a wonderful resource for parents seeking thoughtful, sound advice on raising well-grounded children in a chaotic world. Presenting Montessori principles in clear and eloquent prose, Stephenson's legacy will be a tremendous service to generations of parents to come.

—Angeline Lillard, PhD, professor of psychology, University of Virginia, author of *Montessori, The Science behind the Genius*

The Red Corolla, Montessori Cosmic Education (for age 3-6+)

In the section of this book on physics she shares how to do many science experiments, describing how to set up the science experiments and give presentations. The book also deals with botany, zoology, music, geography, art, and history. If 3-6-year-old children can experience as much as possible of these materials, they have created a lovely foundation for the Cosmic Education of the elementary years.

—Judi Orion, Director of Pedagogy, Association Montessori Internationale (AMI)

The Universal Child, Guided by Nature

Simple, elegant, inspiring. Susan Stephenson carries Dr. Montessori's vision of education for peace forward with this lovely, simple book about what we can all recognize as universal in our make-up as human beings. Those things that ought to (and can) bring us to a place of great respect for children through positive, intelligent engagement with them the world over.

—Gioconda Bellonci, Montessori parent and teacher

Montessori and Mindfulness

The author writes with such clarity and simplicity yet takes on the complexity of Montessori philosophy and contemporary thoughts on mindfulness with such grace and care. Her overall theme that personal fulfillment leads to care for others and for our environment echoes throughout each chapter and creates a wonderful symbiosis of Montessori thought and mindfulness practices, with personal stories throughout

—Lynne Breitenstein-Aliberti, Association Montessori Internationale, United States (AMIUSA)

No Checkmate, Montessori Chess lessons for Age 3-90+

I can wholeheartedly recommend this book. I had a child in my elementary class who was determined to teach every child to play chess. However she found it hard to slow down and would get frustrated that they could not just pick up the game after a simple explanation of what each piece does. I gave her your book from our class library and it significantly improved her chess teaching and also her relationship with others. —Rachel Ammendsen, Dublin Ireland

Montessori Homeschooling, One Family's Story

Our English department teachers read Montessori Homeschooling, One Family's Story *and then made a presentation to all the Middle and High School staff. It was very impressive for the whole group of teachers. When students recognize the purpose and are a fundamental part of what they are learning, they are more likely to dig deeper, and find ways to learn about what is important and relevant to them.*

Teachers have come to nurture our students' desires and help them connect to their passions and interests.

—The English teachers, Montessori Colegio Bilingue, Cali, Colombia

Aid to Life, Montessori Beyond the Classroom

This is a wonderful book about Montessori and how it is being used in many countries. We will be translating it into French.

—Victoria Barres, Association Montessori Internationale representative to UNESCO, The United Nations Educational, Scientific and Cultural Organization. Paris, France

Please Help Me Do It Myself, Observation and Recordkeeping for the Primary and Elementary Class

Having been out of the classroom for two years, as I read this book I thought to myself "It is though I am in a refresher course". Thank you for writing this book.

—Adebanke Foloye, *Nigerian AMI 3-6 and 6-12 teacher*

I am a book club facilitator for our local Montessori organization, and we just finished a five-week study of Please Help Me Do It Myself. *This is a fantastic book and we think it should be required reading in Montessori training centers. Such a great combination of theory and pragmatic ideas.*

—Tara Valentine, Bay Area Montessori Association (San Francisco, CA)

Glimpses of Elder Care Through a Montessori Lens

This book should be required reading for all levels of nursing education

—Sandra Fredrickson, MSN, retired professor of nursing, San Francisco, California

Brief Montessori Introductions Series (2023)

Beginnings, Montessori Birth to Three Comparison with Traditions in Bhutan

The Music Environment for All Ages, Montessori Foundations for the Creative Personality

41

EDUCACIÓN CÓSMICA MONTESSORI
El Descubrimiento del Niño de una Visión Global y la Tarea Cósmica

Copyright © 2023 Susan Mayclin Stephenson
Serie: *Breves Introducciónes a Montessori*

This book is based on the author's article, "Cosmic Education: The Child's Discovery of a Global Vision and a Cosmic Task" published by The North American Montessori Teachers' Association, (*NAMTA Journal*, v40 n2 p151-163 Spr 2015). The earlier version is available in the book *The Red Corolla*, and on the ERIC website (Institute of Educational Sciences, ED.gov)

Traductores: Lyda María Franky, Alvaro Franky, Carolina del Mar Diaz
Cali, Colombia, South America

Michael Olaf Montessori Company
PO Box 1162
Arcata, CA 95518, USA
www.michaelolaf.net
michaelolafcompany@gmail.com

Para derechos de traducción y publicación en el extranjero, póngase en contacto con:
michaelolafbooks@gmail.com
More Montessori Information
www.montessori.edu
Más Información Montessori
www.montessori.edu

ISBN 978-1-879264-33-5

Género: con respeto a todos los géneros, en nombre de la claridad para el lector, se hará referencia al adulto como "ella" y al niño como "él".

Portada: entrada del diario de un niño Montessori de 9 años que ilustra la interrelación común del tema, en este caso, las partes gramaticales del discurso y el antiguo Egipto. del libro *Montessori Homeschooling, La Historia de una Familia* (página 113)

Ilustraciones: de la autora y amigos

www.ingramcontent.com/pod-product-compliance
Lightning Source LLC
Chambersburg PA
CBHW021944040426
42448CB00008B/1225